離乳食

赤ちゃんの発達に寄り添って

「授乳・離乳の支援ガイド」をもとに

小野 友紀

献立：長田 和恵

目次

第1部 離乳食の
役割と進め方の基本

小野　友紀

はじめに

　離乳食の時期は、生後5〜6カ月頃に始まり、12〜18カ月頃で完了するとされていますが、この間、子どもは著しい成長・発達を遂げます。

　保育園で離乳食の調理や食事援助にあたる方々が離乳食の進め方に迷ったり悩んだりするのは、子どもの発達が一律ではなく、個人差があるからではないでしょうか。

　「授乳・離乳の支援ガイドライン」の内容を覚えて、その通りに調理し、調理されたものを提供された分量通りに子どもが食べてくれるのであれば、なんの迷いも悩みも生じないかもしれません。

　ところが、実際に子どもを前にすると、一人ひとりの離乳食の進み具合や食欲、好み、さらに食物アレルギーや、宗教的な配慮など、個別的な状況に対応していく難しさがあります。

　食物アレルギーだけ見ても近年では、症状や原因食材も多様化し、研究が進むにつれて新たな知見が報告されます。そうした情報をキャッチして、保育園の現場の対応も変化させていく必要もあるでしょう。

　保育園の食事の現場では、新しいガイドラインや指針を学びながら、目の前の子どもの発達や個性に寄り添いながら離乳食を進めていくことが大切です。

I

離乳食を始める前から完了期までの変化・発達

1. 離乳食は乳汁だけでは不足する栄養素を補完するための食事

💛 母乳やミルクでは不足するエネルギー・栄養素を補完する

　母乳または育児用ミルクなどの乳汁だけでは不足する、エネルギーや栄養素を補完するために与える食事が「離乳食」です。

　離乳食の開始頃には乳汁からの栄養摂取が大きな割合を占めていますが、離乳食の中期、後期と進むにつれて、食物からのエネルギーや栄養素の割合が増えていきます。

♥赤ちゃんの口の動きに変化が

　また、離乳が進むにつれて、赤ちゃんの口の動きにも変化がみられるようになります。乳汁を「吸う」ことから「固形物を噛みつぶして飲み込む」ことへの発達に伴う変化です。この発達に合わせて調理形態を変えていきます。

♥消化機能も発達していく

　さらに消化機能も発達していくため、食べられる食品の種類も増えていきます。離乳食の開始から完了まで個人差はありますが、赤ちゃんの食べ方は「吸う」から「食べる」へ、調理形態は「液体」から「固形物」へと移行していきます。

調理形態　　「液体」　　「固形物」

2. 離乳食の始まる前

♥ 離乳食開始前は哺乳反射で乳汁を飲む

　離乳食開始前の赤ちゃんは、哺乳反射（生まれながらにもっている原始反射の一つ）で乳汁を飲んでいます。

　哺乳反射で乳汁を飲んでいる時期は、同じく原始反射である押し出し反射（舌挺出反射：ぜつていしゅつはんしゃ）があり、口の中に固形物が入ると舌で押し出してしまいます。

　押し出し反射がある時期は、スプーンなども舌で押し出してしまうために離乳食開始を早めたり、果汁などをスプーンで与えたりしても、うまく飲むことができないのです。

　この反射は、生後5～7カ月で消失してきます。このような赤ちゃんの発達からも、離乳食の開始は哺乳反射が消失し始める生後5～6カ月頃が適当とされています。

♥離乳食の開始前と開始後の水分補給

　栄養摂取の観点から、離乳開始前に乳汁以外の果汁やイオン飲料などを与える必要はないとされています。

　イオン飲料は、離乳食が始まる前から離乳の進行期においても基本的には摂取の必要がなく、必要な場合は医師の指示に従うこととされています。

　離乳の開始前の水分補給は乳汁で、離乳開始後には白湯や番茶、ほうじ茶などがよいでしょう。

離乳食開始前の果汁は？

　離乳食が始まる前に果汁を与えると、
以下のような影響があります。
①乳汁の摂取量が低下することがあります。
②（乳汁摂取の減少に伴って）各栄養素の摂取量が
　低下するおそれがあります。
③乳児以降、果汁の過剰摂取傾向・低栄養・発達
　障害との関連についての報告があります。
　以上のことから、離乳開始前に
果汁を与える必要ありません。

> **離乳食開始前のイオン飲料は？**
>
> 　イオン飲料の多量摂取により、
> 乳幼児のビタミンB₁欠乏症が報告されています。
> 　授乳期・離乳期には基本的には
> イオン飲料の摂取の必要はありません。
> （必要な場合には、医師からの指示に従いましょう。）

3. 離乳食の開始

♥ 離乳食を始める目安

　離乳が開始される頃の子どもの発達の状況は、首のすわりがしっかりとしていること、寝返りが打てること、哺乳反射が消失し始めていること、5秒くらい座れることなどがあげられます。こうした発達のポイントを、離乳食の開始の目安とします。

♥赤ちゃんの「食べたい！」のサイン

　この頃になると、大人が食べているところをじっと見て口を動かす、よだれが出るなどの姿も見られるようになります。生後5〜6カ月になって、大人の食事中に赤ちゃんの視線を感じたら「食べたいよ」のサインかもしれません。

離乳開始の五つの目安
①寝返りが打てる。
②哺乳反射の消失。
③5秒位座れる。
④大人の食べているところを
　じっと見て口を動かしよだれが出る。
⑤生後5〜6カ月になっている。

4. 離乳食の進行

♥食事のリズム、空腹のリズムを作る

　離乳食は、赤ちゃんの成長発達に合わせて食品の種類や分量を少しずつ増やし、調理形態を変えていきます。

　また、食事の時間をある程度決めて、毎日だいたい同じ時刻に与えることで食事のリズムが整い、空腹のリズムが育まれていきます。

　空腹の時に食べるものはおいしく感じるのは、赤ちゃんも大人と同じです。

　空腹を感じたら、まず離乳食を食べ、その後、時間を空けずに乳汁を飲むようにします。そうすることで、離乳食の分量が増えていき、自然な形で乳汁の量が減っていきます。

♥調理形態の変化は咀しゃく機能を促し、
食品の幅が広がる

　赤ちゃんの摂食機能の発達に応じて、調理形態も変化させていきます。同時に調理形態の変化は咀しゃく機能を促すという側面もあります。また、食品の幅が広がり、糖質や野菜類、たんぱく質食品の種類も増えていきます。摂取できる食品が増えることで、赤ちゃんの消化酵素の活性化も促され消化力も高まっていきます。

初めての食品を与える時の注意点
①機嫌・健康状態がよい日に。
②平日・午前中に。
③ひとさじずつ、様子をみながら。
④初めて食べる食品は、1日に1種類。

♥アレルギーのリスクが高い食品は
家庭で食べてから保育園で

　保育園では、食物アレルギー予防の観点から食品の種類を増やす際に「家庭で食べたことがある」ということが前提になります。すべての赤ちゃんに対して、すべての食品を家庭で始めてからということではありません。

食物アレルギーの原因となるリスクが高いのはどのよう
な食品か、そのうち保育園で使用している食材は何か。
どのように家庭で試してもらうかなど、栄養士が配置さ
れている場合は専門的な立場から保護者へのアドバイ
スも必要になるでしょう。

食物アレルギーを有する子どもに、
保育所で"初めて食べる"ことを避ける

　保育所において食物アレルギー症状の誘発を最
小限に抑制するためには、原因となる食品の除去に
加え、新規に食物アレルギー症状を誘発させない
工夫が求められます。この考えのもとに保育所特有
の対策として、保育所においては食物アレルギーを
有する子どもに〝初めて食べる〟ことを避けることが
重要です。新規の食物にアレルギー反応が起きるか
否かは食べてみないと分からないことから、家庭に
おいて可能であれば2回以上、保育所で提供する
量程度、もしくはそれ以上の量を食べて何ら症状が
誘発されないことを確認した上で、その食物を給食
で食べることが理想的です。特に給食に使用してい
る高リスク食品については必ず確認します。
「保育所におけるアレルギー対応ガイドライン(2019年改訂版)」

♥離乳食は毎日が初めての味との出会い

　保育園の離乳食で、毎日の献立がマンネリ化してしまうという相談があります。

　乳汁の味のみ（母乳ではお母さんの食べたものの影響を受けるので多少のバリエーションがあります）しか経験していない赤ちゃんにとって、離乳食が開始されてからは、毎日が初めての味との出会いの連続です。

　数種類の野菜を軟らかく煮て味をつけた「おかず」も、野菜の種類や組み合わせの分量が異なれば、微妙な味の変化や舌ざわりの違いがあります。

　大人が思うほど、赤ちゃんは「マンネリ」を感じていないかもしれません。

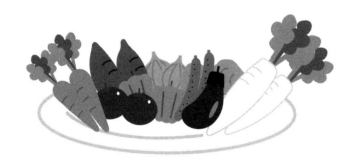

5. 離乳の完了

♥手づかみ食べが始まり、介助を嫌がったりする

　生後12カ月〜18カ月頃には1日3回の食事と、1〜2回の間食でエネルギーや栄養素の大部分を食物からとることができるようになります。

　1歳のお誕生日前後では、手づかみで食べたり、介助されることを嫌がったりして、自分で食べたいという意思表示を見せるようになります。

　まだ完全に自立して食べられるわけではありませんので、見守りつつ介助もしながらの食事援助が望ましいでしょう。

♥スプーンなど食具に興味を示すようになる

　次第に食具にも興味を示し、スプーンですくって食べるようになっていきます。調理形態は子どもが、スプーンですくいやすい形態で、食器などにも配慮するとよいでしょう。

♥離乳の完了と乳汁の量

　保育園では次第にミルクの分量も減って、食事の時にコップで飲む程度になっていきますが、家庭では、まだ乳汁を飲んでいることもあります。

　離乳の完了は、完全に乳汁を飲まなくなったことを意味するものではありません。保護者とも話し合いながら乳汁の量を無理なく減らしていけるようにすることで、日中の食事量も増えていきます。

　離乳の完了が生後12カ月から18カ月となっていることからも分かるように、個人差が非常に大きい時期です。一人ひとりの子どもの食べ方を把握するとともに家庭での食事の様子にも留意しましょう。（P21の図参照）

II

離乳食の進め方

参考資料「授乳・離乳の支援ガイド」

(厚生労働省2019年改訂版)より

離乳の進め方の目安

離乳の開始 ————————————————————→ 離乳の完了

以下に示す事項は、あくまでも目安であり、
子どもの食欲や成長・発達の状況に応じて調整する。

	離乳初期 生後5〜6か月頃	離乳中期 生後7〜8か月頃	離乳後期 生後9〜11か月頃	離乳完了期 生後12〜18か月頃
食べ方の目安	●子どもの様子をみながら、1日1回1さじずつ始める。 ●母乳や育児用ミルクは飲みたいだけ与える。	●1日2回食で食事のリズムをつけていく。 ●いろいろな味や舌ざわりを楽しめるように食品の種類を増やしていく。	●食事のリズムを大切に、1日3回食に進めていく。 ●共食を通じて食の楽しい体験を積み重ねる。	●1日3回の食事リズムを大切に、生活リズムを整える。 ●手づかみ食べにより、自分で食べる楽しみを増やす。
調理形態	なめらかにすりつぶした状態	舌でつぶせる固さ	歯ぐきでつぶせる固さ	歯ぐきで噛める固さ

1回当たりの目安量

	離乳初期	離乳中期	離乳後期	離乳完了期
Ⅰ 穀類(g)	つぶしがゆから始める。 すりつぶした野菜なども試してみる。 慣れてきたら、つぶした豆腐・白身魚・卵黄等を試してみる。	全がゆ 50〜80	全がゆ 90〜軟飯80	軟飯 90〜ご飯80
Ⅱ 野菜・果物(g)		20〜30	30〜40	40〜50
Ⅲ 魚(g)		10〜15	15	15〜20
又は肉(g)		10〜15	15	15〜20
又は豆腐(g)		30〜40	45	50〜55
又は卵(個)		卵黄1〜全卵1/3	全卵1/2	全卵1/2〜2/3
又は乳製品(g)		50〜70	80	100

歯の萌出の目安		乳歯が生え始める	1歳前後で前歯が8本生えそろう。 離乳完了期の後半頃に奥歯(第1乳臼歯)が生え始める。	
摂食機能の目安	口を閉じて取り込みや飲み込みが出来るようになる。	舌と上あごで潰していくことが出来るようになる。	歯ぐきで潰すことが出来るようになる。	歯を使うようになる。

※衛生面に十分に配慮して食べやすく調理したものを与える。

出典：厚生労働省「授乳・離乳の支援ガイド」(2019年改訂版P34)より

20

離乳プログラムの例

食べ方を見ながら、子どものペースで進めていきます。
食べる量だけでなく、口の動かし方もしっかり見て進めます。

	4カ月	5〜6カ月	6〜7カ月	8カ月	9〜11カ月	12〜18カ月
朝	乳汁	乳汁	乳汁	乳汁	離乳食+乳汁	離乳食+牛乳や乳汁
午前	乳汁	離乳食+乳汁	離乳食+乳汁	離乳食+乳汁	離乳食+乳汁	離乳食+牛乳や乳汁
午後	乳汁	乳汁	離乳食+乳汁	離乳食+乳汁	離乳食+乳汁	間食（軽食の形態）+牛乳や乳汁
夕	乳汁	乳汁	乳汁	乳汁	離乳食+乳汁	離乳食+牛乳や乳汁
夜	乳汁	乳汁	乳汁	乳汁	乳汁	（乳汁）

＊ミルクまたは乳汁は食後、その子に応じた量を与えます。

離乳食の後（または食事の時）飲むミルクの量の目安

5〜6カ月（前期）	7〜8カ月（中期）	9〜11カ月（後期）
150〜200cc	100〜150cc	50〜100cc

（飲ませなければならない分量の目安ではありません。）

＊このプログラムは目安です。乳児期は個人差が大きいので、無理せず様子を見ながら進めます。

1. 初期食の頃（生後約5〜6カ月）

♥ 離乳開始時は、まだゴックンと飲み込めないことがある

　哺乳反射が完全に消失していない頃のごく初期の離乳開始時は、口唇を閉じてゴックンと飲み込むことがうまくできないこともあります。口角のところからこぼれてしまうこともありますが、次第に慣れてくるとお口を閉じて飲み込むことができるようになってきます。赤ちゃんにとっては、初めての味、舌ざわりの体験です。焦らず急がずゆっくりと進めていきましょう。

♥ 舌を前後に動かして食べものを後ろに送り込む

　舌を前後に動かして、口に入ったものを後ろに送り込んでいきます。

　調理形態はなめらかにすりつぶしたもので、はじめはおかゆの裏ごしから始めます。ひとさじから次第に量を増やしていきますが、口を閉じて飲み込むことに慣れてきたら野菜の裏ごしやじゃが芋やさつま芋のペーストなど、食品の種類を増やしていきます。

　おかゆ以外のものの味や舌ざわりにも慣れてきたら豆腐や白身魚のペースト、固ゆでにした卵黄なども与えることができます。

♥豆腐や白身魚、卵黄などは家庭で試してから園で

　保育園では、食物アレルギーの観点から、豆腐や白身魚、固ゆでの卵黄などは家庭で試してもらってから保育園でも使うようにしますが、保護者にどのように試してもらったらよいか丁寧に説明しましょう。例えば、家庭ではベビーフードでしらす干しや鶏肉を使った雑炊などを食べていることがあります。家庭で食べているものをよく聞いてみる必要があるでしょう。また、試してもらいたい食品を使ったベビーフードをお伝えして、家庭で数回食べてもらうのもよいでしょう。

離乳初期のころ

♥初期の離乳食は1日1回、毎日ほぼ同じ時刻に

　初期の頃の離乳食は1日1回で、離乳食の他に乳汁を飲みたいだけ与えます。日々の授乳間隔はおおよそ決まってくるころです。離乳食は授乳時間に合わせて、毎日同じくらいの時刻に与えるようにすることで食事のリズムを作っていきます。

離乳初期のころ

鉄、ビタミンDを補う

　母乳のみで育児をしている場合、生後6カ月でヘモグロビン濃度が低く、鉄欠乏を生じやすいという報告があります。また、母乳育児ではビタミンDも不足しがちであることが分かっていることから、母乳のみで育児を行っている場合は、鉄やビタミンDの供給源となる食品を積極的に離乳食で補う必要があります。

● 鉄を含み生後6〜7カ月ごろから使える食品：小松菜・ほうれん草・そら豆・ブロッコリー・赤身の魚（かつお、まぐろなど）、卵黄（固ゆで）、赤身の豚挽き肉・青のり・納豆・きな粉。

● ビタミンDを含む食品：魚類に多く含まれていますが、離乳食ではしらす干しや卵黄（固ゆで）、7〜8カ月ごろから鮭などからビタミンDをとることができます。また、日光を浴びることで、皮膚でビタミンDが作られるため日光浴も有効です。

離乳初期の頃（生後約5～6カ月）のポイント

→【食べる機能の発達】
　舌は前後に動き、口に入ったものを
　飲み込むことができるようになる。
→【この時期の離乳食の目的】
　舌触り、食べものの味に慣れる。
　口唇を閉じて、スプーンから食べものを
　取り込む動きを覚える。
→【調理形態】
　なめらかにすりつぶした状態のもの。
→【食事援助のポイント】
　①下唇にスプーンをのせる。
　②上唇がおりてくるのを待つ。
　③口が閉じたら、スプーンをまっすぐ引き抜く。
　✕スプーンを上唇にこすりつけるのはNG!
　✕口の奥に入れるのはNG!

2. 中期食の頃（生後約7〜8カ月）

♥ 舌は前後・上下に動かし、ゴックンに慣れて離乳食の量も増える

この頃になると、ゴックンにはすっかり慣れて離乳食の分量も増えてきます。舌の動きは前後に加えて上下にも動かして、舌の上にのせた食べものを上あごに押し付けてつぶして食べることが出来るようになります。

♥ 調理形態は舌でつぶせる固さが目安

調理形態は、舌でつぶせる固さを目安にします。つぶした食べものがまとまりやすいように、とろみをつけるなどの工夫で食べやすくなります。

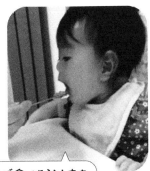

自ら進んで食べようとします

手でつまむこともありますが口に持っていきません。

♥食事回数は1日2回になり食品の種類も増える

　食事の回数は1日に2回になり、離乳食を食べ終わった後、すぐに乳汁を飲ませることで乳汁の分量が減っていきます。

　使用する食品の種類も増え、献立には小麦製品のパンやうどん、豚挽き肉、赤身の魚などにさまざまな種類の野菜を合わせて、メニューのバリエーションが増えていきます。

　また、鉄欠乏予防の観点から、ベビーフード（瓶詰）の鶏レバーペーストなどを使用することもできます。この頃になると、風味付け程度に調味料を使用することもできます。

中期の頃（生後約7～8カ月）のポイント

→【食べる機能の発達】
　上唇の機能が発達し、スプーンの食物を取り込むことができるようになる。舌が上下に動くようになる。
→【この時期の離乳食の目的】
　いろいろな味や舌ざわりを楽しめるように、
　食品の種類を増やしていく。
→【調理形態】　舌でつぶせる固さのもの。
→【食事援助のポイント】
　舌の前方部に食物がのるようにする。
　乳児の両足が床につく、安定した姿勢で。
✕スプーンを舌の後方部におくのはNG！
　（丸のみにつながる）

7〜8カ月頃の
Fちゃんのお食事

7カ月のFちゃん、
離乳中期

なんだこれ？   つまんでみよう   ジーっ   ひたすらジーっ

なんだこれ？   つまんでみよう   エイ、ヤー！   ジーっ

8カ月、
大きなお口でパクっ

8カ月のFちゃん、
離乳中期

食べられた…

食べられるかしら…

汁物だって、
こんな風に

手首は返せないけど口を
スプーンの方に向ければ、パクリ

3. 後期食の頃（生後約9〜11カ月）

💜 舌は左右にも動くようになる

　離乳後期になると舌は左右にも動くようになり、食べものを奥歯（乳臼歯）の歯茎のほうに移動させて、歯茎でつぶしながら食べることが出来るようになってきます。

💜 調理形態は歯茎でつぶせる固さが目安

　調理形態は歯茎でつぶせる固さが目安です。左右の歯茎に移動させながら食べることを覚えていきます。

　見た目は幼児の食事と変わらなくなっていきますが、奥歯が生えるまでは、固くて噛みつぶすことが出来ないものは丸飲みしてしまうこともあるので注意が必要です。味付けは薄味を基本とします。

💜 手づかみや噛み取りができる大きさに

　手づかみも出てくるので、手で持ちやすいものや、ひと口の噛み取りができるような、大きめにカットされた煮野菜や、ひと口大より大きめのおにぎりなども与えて、自分でひと口をかじり取る練習もしてみましょう。手づかみなどで、子どもが自分で手に持って食べる時も、大人は決して目を離さないことが重要です。

♥大人の食事形態に近づき分量も増えてくる

　離乳食の分量は中期よりも増え、形も大人の食事形態に近づいていきます。調理方法も炒めたり、揚げたり（衣が固いものは衣を取る、スープに浸すなどの配慮が必要）とバリエーションが増えます。

♥ごはんは全がゆから軟飯に

　ごはんは、全がゆから軟飯へと変えていきます。食材は青魚なども焼いてからほぐして軟飯に混ぜたり、わかめなども軟らかく煮て、細かく切ったりして与えることができます。

♥食事回数は1日3回と間食1〜2回

　食事の回数は1日3回と間食1〜2回になりますが、間食は1回の食事（軽食）と考えます。菓子類を与える際は乳児用のものにしましょう。

離乳食の広げ方はこのようなイメージで

初期　　　　　　　　　　　中期　　　後期　　　完了期

→

| つぶし粥 | 全粥 | 全粥→軟飯 |

| 野菜・いも | 各種野菜・いも・果物・海藻 |

| 豆腐 | ＋納豆・大豆製品 |

| 白身魚 | ＋赤身魚 | ＋青皮魚 |

| 卵黄 | 全卵 |

乳製品
（無糖ヨーグルト→脂肪少ないチーズ・牛乳）

| 鶏肉 | ＋豚肉→牛肉
鶏レバー |

♡フォローアップミルクについて

　生後9カ月頃からフォローアップミルクに切り替える家庭もありますが、フォローアップミルクは母乳の代替食品ではないので、1歳になるまでは調製粉乳を続けて問題はありません。しかし、フォローアップミルクのほうが鉄分を多く含んでいるので、離乳食が進まず鉄不足が心配される場合や体重が増えないなどの場合は、医師に相談してフォローアップミルクを利用します。

こんな姿や

こんな姿も見られますが、
スプーンとしての使い方は
もう少し先です。

後期の頃（生後約9〜11カ月）のポイント

→【食べる機能の発達】
　舌が左右に動くようになるため、口に入った食物を奥歯部分へ送り、歯茎でつぶして唾液と混ぜることができるようになる。
　「手づかみ食べ」がみられる。
→【この時期の離乳食の目的】
　共食を通じて、食の楽しい体験を積み重ねる。
→【調理形態】
　歯ぐきでつぶせる固さのもの。
→【食事援助のポイント】
　子どもが主体的に食べる環境をつくる。
　手にもって食べられるものを用意する。
　手がテーブルに届き、腕が自由に動かせるようなテーブルの高さで。
　子どもがスプーンを持ちたがる場合は持たせる。
✕援助しすぎるのはNG!（自分で食べる意欲を育てるため）

4. 完了期食の頃（生後約12〜18カ月）

🖤 1歳を過ぎると離乳完了期に向かう

　1歳のお誕生日を過ぎると、離乳は完了期に向かいます。乳歯は前歯の上下の本数が増えていきますが、奥歯（乳臼歯）はまだ生えていません。口の動かし方は舌を上下左右に自在に動かしながら、歯茎で噛み潰すようにして食べるようになります。

🖤 手づかみ食べが盛んになり食具にも興味を

　手づかみ食べも盛んになりますが一方で食具にも興味を持つようになり、大人の介助用のスプーンを欲しがったりすることもあります。この時期は、子ども用のスプーンと介助用のスプーンの両方を用意しておくとよいでしょう。

スプーンを持ちたがったら持ち手が持ちやすいものを。口の大きさや噛む力に応じて小さめのスプーンを。

写真：山崎祥子 著『できる！できる！もぐもぐ ごっくん』（芽ばえ社）より

　ごはんは軟飯になり、主菜、副菜、汁物は幼児食のものを少し軟らかくしたり、小さくしたりします。ごはんを手づかみで食べやすいように俵型に握ると、前歯でかじり取りができます。一口大のおにぎりは、赤ちゃんの小さな口の中に入るとごはんでいっぱいになってしまうので、必ずしも小さく握ればよいとも限りません。

　味付けは常に薄味が基本ですが、酢の物や揚げ物など料理方法も多様になっていきます。

♥幼児食への移行時期は個人差が大きい

　後期から完了、幼児食に移行する時期は、個人差が大きいので一人ひとりの食べ方をよく見て、個別に対応することが望まれます。

完了期食の頃（生後約12〜18カ月）のポイント

→【食べる機能の発達】
　口へ詰め込みすぎたり、食べこぼしをしたりしながら、ひとくち量を覚える。
　上下の切歯が生えていれば、手づかみ食べで大きな食品を前歯でかじり取る練習をする。
　手づかみ食べが上手になるとともに、食具を使った動きを覚える。
→【この時期の離乳食の目的】
　手づかみ食べにより、自分で食べる楽しみを増やす。
→【調理形態】
　歯ぐきで噛みつぶせる固さ。
→【食事援助のポイント】
　手づかみ食べを中心とした自分で食べることを基本とする。
　子どもがスプーンなどの食具を使って食べる場合には、ボウルは深すぎず、柄の長さ・太さは子どもの手に合ったものにする。食器は重みがあり、動きにくく、すくいやすいものがよい。
×食事の無理強いはNG！

発達と離乳食

1. 粗大運動の発達

♥生後5〜6カ月頃、首がすわり寝返りがうてる

粗大運動とは、首のすわりや寝返り、お座り、ハイハイ、つたい歩きなど、体全体のバランスや姿勢の保持などの運動のことを言います。

離乳食が開始される生後5〜6カ月には、首がすわり寝返りがうてるようになります。

♥離乳食開始の目安は5秒ほど座れるようになること

離乳食の開始の目安にもなっていますが「5秒ほど座れる」という状態は、支えてやれば座れるが自分では座位を取ることが難しい状態です。

この時期は、可能であれば保育者が膝の上に座らせて赤ちゃんの腰が安定した状態で食事の援助をできるとよいでしょう。

💜 生後7〜8カ月頃、椅子に座れるようになる

　生後7〜8カ月頃では、寝返りが仰向けからも、う
つ伏せからもできるようになり、腹ばいでずり這い
（ハイハイの始まり）ができるようになってきます。ま
た、お座りの姿勢が保てるようになり、両手を自由に
使えるようになります。

　椅子に座ることもできるようになってきますので、離
乳食も抱っこ食べから椅子に座って食べることができ
ます。

💜 椅子やテーブルなど離乳食を食べる環境を整える

　離乳食を食べることに集中するためには、食事の環
境を整えることが大切です。テーブルや椅子の高さが赤
ちゃんに合っているか、椅子に座った状態で両腕が自
由に動かせるか、などの配慮が必要になります。

💜 9〜11カ月、歩き始める頃が離乳の完了期へ

　生後約9〜11カ月になると手づかみ食べなど自分
で食べようとする姿がみられます。お座りも安定してきま
すが、姿勢よく食べられるように環境を整えます。

　また、つかまり立ちから立つことが出来るようになってき
ます。1歳前後には歩くようになりますが、歩きはじめる時期
には個人差があります。この頃には離乳が完了します。

2. 微細運動の発達（手指の発達）

♥生後5〜6カ月頃、手や指を使った
細かい動作が出来るようになる

　微細運動とは、手や指を使った細かい動作をする運動のことです。手づかみで食べたり、食具を使ったりすることは微細運動の発達に関係しています。

　手の動きでは、ものに手を伸ばし、生後5〜6カ月では熊手でものをかき集めるように全部の指を使ってつかむようになります。

♥生後7〜8カ月頃、持ち替えたり指先でつかんだり

　生後7〜8カ月頃には、手に持ったものを、もう片方の手に持ち替えることができるようになります。離乳食を手の平全体で握るようにしてつかむことから、次第に指先でつかむようになり、つかんだものを手離すことができるようになります。

　その頃はまだ、口に持っていくところまではしませんが、お粥でもおかずでも手あたり次第つかもうとする時期です。

手が出始めたら、舌でつぶせる程度に軟らかく煮たス
ティック野菜や、トーストにした食パンの耳などを用意し
ておくとよいでしょう。

♥ 生後9カ月頃、手でつかんだものを
口に持っていくようになる（誤飲に注意！）

　生後9カ月頃になると、手でつかんだものを口に持っ
ていく姿が見られるようになります。個人差がありますの
で、大人が赤ちゃんの手に無理に持たせる必要はあり
ません。

　目で見たものを手でつかみ口に持っていく、目と手、
手と口の協調運動を繰り返すことによって、手先の器用
さも身についてきます。手づかみ食べに限らず、玩具や
その他なんでも口に持っていく時期には、誤飲に注意
しましょう。

♥ 食具（スプーン）に興味を持ち始める時期

　離乳食後期から完了期には、食具（スプーン）にも
興味を持ち始めます。上手に使えなくても「使ってみた
い」というサインに気付いたら、スプーンを持たせてあ
げましょう。

3. 咀しゃくの発達（口腔内）

♥離乳初期から中期頃の 舌の動きと咀しゃくの発達

　離乳初期の頃は、舌を前後に動かしながら、なめらかにすりつぶしたものを口の奥に送り込んでいきます。

　中期の頃になると、舌の上にのせた離乳食を、上あごに押し付けてつぶして食べるようになります。舌で押しつぶす力は、次第に強くなるので、中期の初めは絹ごし豆腐程度の固さのものから、次第に綿ごし豆腐の固さに進めていくとよいでしょう。

　舌でつぶせる固さのものを上手に食べられるようになり、スプーンを運ぶ速度が速くなってきたら、次の段階に進む準備ができたというサインです。

♥食べものを左右どちらかの歯茎に 移動させて食べる

　そして次第に、食べものを左右どちらかの歯茎（乳臼歯）部分に移動させて食べるようになります。舌の動きには左右の動きが加わり、口の動きは左右非対称によじれながら動くのが分かるようになります。

4. 情緒の発達

♥生後6カ月頃から人見知り。食事は見慣れた人と

　生後6カ月頃には、人見知りが始まります。お母さんや担当の保育士さんなど身近な大人と、見慣れない大人の区別がついてきたということです。

　それに大人が過剰に反応する必要はありません。しかし、食事の時にはいつも決まった大人が介助するようにして、見慣れない大人が食事中に視野に入らないようにするなど、食事に集中できるように配慮することが大切です。

♥生後7〜8カ月頃には言葉がけに反応

　生後7〜8カ月頃には、大人の言葉がけに反応したり「いただきます」「ごちそうさま」の挨拶で両手を合わせたりするなど、言葉と動作が連動してくる時期なので、優しく言葉をかけながら離乳食を与えることで心地よい食事の環境を作ることができます。

5. 生理的な発達

♥ 生後6カ月頃には、鉄分を補う離乳食を

　生まれた時にお母さんからもらった鉄分（貯蔵鉄）は、生後6カ月頃になると使い果たしてしまうため、鉄分が不足することが報告されています。生後7〜8カ月には使える食品も増えるので、鉄を含む赤身の魚や挽肉、小松菜やほうれん草など、軟らかく煮て離乳食に利用するとよいでしょう。

♥ 免疫力について

　また、離乳食が始まる頃は、母体からもらった免疫力も弱まり、赤ちゃん自身が免疫力を高めていくようになります。

　保育園児は集団で生活しているため感染症にもかかりやすくなりますが、感染症にかかって回復することを繰り返しながら免疫力を高めているという側面もあります。

6. 消化機能の発達

♥離乳食が始まり、消化酵素の活性は高まるけれど

　乳汁のみで育つ生後5〜6カ月までは、乳汁を消化するための消化酵素が必要でしたが、離乳食が開始されると、さまざまな食品を消化・吸収するため消化酵素の活性が高まります。

　しかし、消化酵素の分泌量や活性が成人と同じではないため、離乳食は消化のよいものから徐々に進めていくようにします。

　離乳食が消化されているかどうかは、便の性状で判断することができます。離乳食の開始直後は、ニンジンやほうれん草などが、便の中にそのまま出てくることがあります。水様便が続く、血便が出るなどの症状がなければ、未消化のものが便に混ざっていても心配することはありません。

♥ 消化のよいもの悪いもの

　一般に、食品は加熱することで消化がよくなります。軟らかいものでも、生クリーム、刺身、イクラなど脂肪分の多いものや生ものは消化のよい食品ではありません。離乳期に食べさせると消化できずに消化不良を起こしたり、食物アレルギーを引き起こしたりする原因となるので注意が必要です。

♥ 食物アレルギーと消化・吸収機能

　食物アレルギーは、たんぱく質に反応して起こりますが、それはたんぱく質の消化過程で完全にアミノ酸まで分解されずにペプチドの段階で吸収されたものに対する反応です。完全にアミノ酸まで消化されれば、アレルギー反応は起こりにくくなるわけです。

　乳幼児に、食物アレルギーが多いのは、消化・吸収の機能の未熟が原因であり、食物アレルギーが年齢とともに治っていくのは、消化能力が高まっていくためです。

IV

離乳食の役割

1. エネルギー・栄養素の補給の役割

♥乳汁で不足する栄養素を補給する

　成長に伴い、乳汁だけでは必要なエネルギーや栄養素が不足してきます。一方、母乳の分泌量は減少していきます。そこで乳汁以外の食物から栄養を摂ることにより、乳汁では不足する栄養素を補給することが必要になります。

　「授乳・離乳の支援ガイド」では、不足するエネルギーや栄養素を補完するために、乳汁から幼児食に移行する時に与えられる食事を離乳食と定義し、「離乳食」の箇所に「WHOでは、『Complementary Feeding』といい、いわゆる「補完食」と訳されることもある」と注釈をつけています。

2. 消化機能や摂食機能の発達を促す役割

♥離乳食で消化酵素が活性化

　生後5〜6カ月頃、唾液などの消化液の分泌量が増加します。この時期に離乳食を与えることにより消化酵素が活性化することから、消化機能の発達を促すことができます。

♥摂食機能獲得のための練習

　また、離乳食を摂取することには「捕食→咀しゃく→嚥下」という摂食機能を獲得するための練習の役割もあります。この摂食機能が獲得できていないと、幼児期以降、「噛まない・丸飲み・口にため込む」などの問題が生じることもあります。

3. 望ましい食習慣を形成する役割

♥五感を刺激し味に慣れる

　離乳食の味・におい・食感・形・色などが五感（味覚・嗅覚・触覚・聴覚・視覚）を刺激し、味に慣れ親しむようになります。

　私が保育園の給食現場に勤務していたころ、離乳食に納豆を使用していたからか、幼児食に移行したと

きに納豆が食べられないという子どもはいませんでした。1歳ごろまでは比較的さまざまな味を受け入れる時期と言われていますので、食品の幅を上手に増やすことによって将来食べられる食材の種類も変わってくるかもしれません。

💜 適切な生活リズムが形成される

また、離乳食を決められた場所・時間・回数で与えられることによって、適切な生活リズムが形成されます。授乳のリズムが整ってきたら、そのリズムで離乳食の食事時間を決め、なるべく同じ時間に食事を与えるようにしてお腹のすくリズムを作っていきます。

💜 いつもの場所でいつもの保育者と 一緒という環境で

食習慣は、食べるものに限らず、どのように食べるかという食事の環境も大切です。落ち着いた雰囲気の中でいつもの場所でいつも同じ保育者に食事の援助をしてもらうことで、安心感や信頼関係が育まれます。そして保育者も、一緒に食べているつもりで食事援助をしましょう。離乳食が「一緒に食べる（共食）楽しさ」を味わう第一歩となるでしょう。

4. 日本の文化としての役割

♥日本の離乳食にはきめ細やかな配慮がある

　日本の「離乳食」は、日本固有の文化と言えるでしょう。世界にはさまざまな離乳食がありますが、それぞれ離乳食には〝お国柄〟があります。海外と比較すると、日本の離乳食は調理形態や食材にきめ細やかな配慮があります。旬の野菜や豆腐、納豆などの大豆製品、新鮮な魚を使った離乳食は、赤ちゃんの和食・離乳食といえるでしょう。赤ちゃんの離乳食を通して、改めて日本の食文化を見直す機会にしたいものです。

　他方で、WHOが提案した
Complementary Feeding（補完食）は、母乳では足りなくなるエネルギーや栄養素を補完するという考え方で、世界の子どもに通用するように作られています。

V

離乳食の時期に気をつけたいこと

1. 手づかみ食べ

🖤 協調運動への発達につながる

「Ⅲ 発達と離乳食」の「2.微細運動の発達（手指の発達）」でも見ましたが、生後9カ月頃になると、手でつかんだ食べものを自分の口に持っていき食べようとする「手づかみ食べ」がみられるようになります。

初めは、手のひら全体で握るようにして口に持っていきますが、次第に指がバラバラに動くようになって、親指と人差し指でつかんで食べるようになります。

手づかみ食べのように「目と手」、「手と口」のように複数の器官や部位が互いに協調してひとつの動作を行なうことを協調運動（協応動作）といいます。
こうした動作はそれぞれの器官が発達してきた証です。

手づかみ食べ用
スティック野菜とかみとり用野菜（人参と大根）

【かみとり大根】
大根は半月や丸で、
一口をかじり取ります。
じゃがい芋
さつま芋などでも。

【人参スティック】
指でつぶせるくらいの
軟らかさです。子どもがグーで
握ったときに、先が出る長さにします。

♥赤ちゃんは手づかみでいろいろなことを学ぶ

協調運動は器用さにも関係しているので、手づかみを十分に行なうことで食具を上手に使うことにつながります。

また、手でつかむことで食べものの固さや温度などを感じることができます。手づかみ食べを始めたばかりの赤ちゃんは、茹で野菜のスティックなどをつかむと、ぎゅっと握りしめて口に入らずに手の中に残ったままになることもありますが、次第に力を加減しながらつかむようになります。そのような姿を見ると、子どもの発達を感じられることでしょう。

♥家庭でも手づかみ食べが出来るように援助を

保育園では、手づかみ食べを否定的には捉えていないと思いますが、家庭ではどうでしょうか。食べものを手で口に運ぶ動作を「お行儀が悪い」、「遊び食べ」、「部屋が汚れる」などの理由でやらせないという保護者もいるのではないでしょうか。

「手づかみ食べ」の大切さを伝えて、子どもが手づかみ食べをできるように、手で持って食べるものを紹介したり、シートを敷くなどの方法を伝えたりできるとよいでしょう。

♥ 手づかみ食べは、
自分で食べたいという意欲の表れ

　協調運動は器用さにつながりますが、そのことばかりを重視するのではなく、大切なことは、手づかみが見られたら「自分で食べたい」という意欲の表れと捉えて、その姿を受け止めることです。自分の行為が受け入れられる満足感や安心感は、援助してくれる大人との信頼関係も築くことにもなるでしょう。

♥ みんなが手づかみ食べをするとは限らない

　また、個人差もあるので全員の子どもが手づかみ食べをするとも限りません。無理やり手に持たせる、大人が一切介助をしないなど、無理強いすることがないようにしましょう。手づかみで食べる時期は、自立した一人食べではありません。大人が見守りながら、スプーンで援助することも重要です。大人の持つスプーンを見てスプーンを使いたいと思うようになるからです。その時期が来たらスプーンを渡すことが出来るように、子どものスプーンも用意しておくことをおすすめします。

2. 乳児ボツリヌス症

♥「はちみつ」は1歳を過ぎてから

....

「乳児ボツリヌス症は、食品中にボツリヌス毒素が
存在して起こる従来のボツリヌス食中毒とは異なり、
1歳未満の乳児が、芽胞として存在しているボツリヌ
ス菌を摂取し、当該芽胞が消化管内で発芽、増殖し、
産生された毒素により発症するもの」。
「授乳・離乳の支援ガイド」厚生労働省、2019〈参考資料8〉より。

....

　乳児が在園する保育園では、保護者に「はちみつを
与えるのは1歳を過ぎてから」という情報提供を行いま
しょう。
　乳児ボツリヌス症の発症は、過去の症例をみると必
ずしも原因が「はちみつ」とは限りませんが、はちみつ以
外の症例では「原因不明」となっています。一方、「はち
みつ」は、ボツリヌス菌の芽胞に汚染されている可能性
が高いことが分かっているので、腸内細菌叢が整う1歳
までは与えないようにするということです。

♥インターネットの情報には要注意

　近年は、インターネットで離乳食のレシピなども簡単に調べることができます。1歳未満児向けのレシピにはちみつが使用されていることもあるので、注意が必要です。WEBの情報には、正しくないものも含まれているということを知っておく必要があります。

3. 食事援助と多職種の連携

♥ 家庭では食事援助は保護者が行っている

　離乳食の時期は、乳汁から固形物へと調理形態を変化させながら栄養摂取の方法を移行させていく過程であり、「食べる」機能を促す時期でもあります。

　家庭では、調理して食べさせて成長を確認する役割を保護者が担っています。

♥ 園では栄養士、調理員、保育士、看護師が連携して

　保育園では、栄養士または調理員等が適切な調理形態で調理を行ない、提供された離乳食を食べさせる（食事援助）のは、多くの場合保育士です。そして日々の食事摂取の結果として赤ちゃんの身体的な成長などを確認して健康管理を行なうのが看護師等ということになります。

　保育園では、専門職がそれぞれの役割を分担しながら専門性を発揮して、一人ひとりの子どもの成長発達を支えているのです。

調理形態は赤ちゃんの口の動かし方に合っているか、スプーンを運ぶタイミングは適切か、喜んで意欲的に食べているか、体重・身長は増えているかなど、多職種で連携を取りながら一人ひとりの子どもに寄り添って離乳食を進めていく必要があります。

4. 離乳食の分量

♥ 離乳食をあまり食べないのに体重増加は順調な子

　「離乳食を食べてくれない」、「離乳食の進み具合が悪い」という赤ちゃんは、どこの保育園にも少なからずいるのではないでしょうか。

　保育園で離乳食を少ししか食べないのに、体重は順調に増えているという場合は、家庭で十分なエネルギーがとれているか、あるいは少しの量で足りている、いわゆる少食の子どもかもしれません。顔色がよく元気に遊んでいれば、心配することはないでしょう。

💜 離乳食の時間を見直すことも必要

でも、そのような子どもがいる場合は、離乳食を与える時間を見直してみましょう。

前の食事（授乳）との間隔が十分にないと、空腹ではないということがあります。離乳食は、一人ひとりの24時間の生活リズムの中で食事時間を決めていきます。家庭とも連絡を取り合って、食事時間を決めるとよいでしょう。

また、離乳食の量が赤ちゃんにとって適量か、十分なエネルギー量がとれているかは、成長曲線で確認します。

（次ページに厚生労働省の報告書に掲載された「乳幼児身体発育曲線」を掲載しました。表にある「パーセンタイル」というのは、乳幼児の発育状態を示す目安の値で、全体を100として何パーセント目に位置するかを示す値です。）

図3) 乳幼児（男子）身体発育曲線（体重）

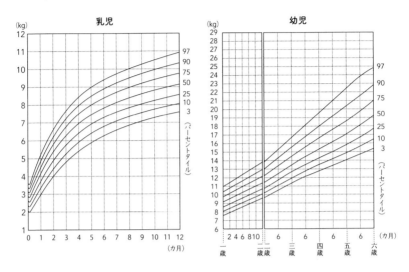

図4) 乳幼児（女子）身体発育曲線（体重）

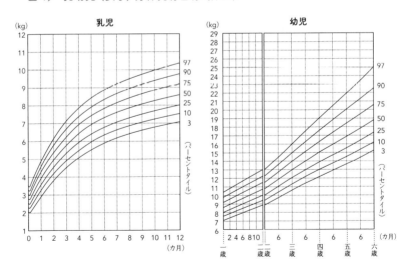

平成22年乳幼児身体発育調査報告書（厚生労働省）より抜粋

図5） 乳幼児（男子）身体発育曲線（身長）

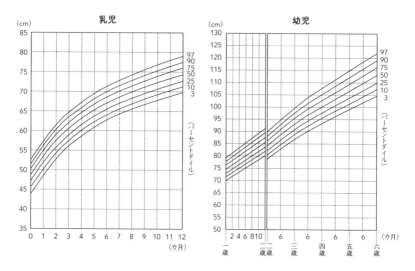

図6） 乳幼児（女子）身体発育曲線（身長）

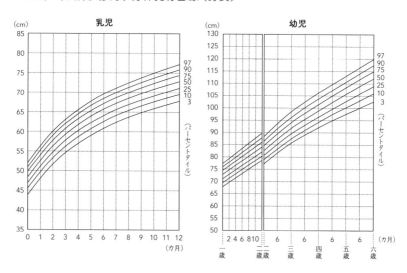

平成22年乳幼児身体発育調査報告書（厚生労働省）より抜粋

5. 食器、食具

♥ 離乳初期から中期頃までと
それ以降の盛り付け方

　離乳初期から中期にかけて、大人の援助によって食べる時期の離乳食は水分量が多いので、味が混ざりあわないように、それぞれ調理したものが小皿に盛り付けられるとよいでしょう。

♥ 手づかみ食べと食べものの提供の仕方

　手づかみ食べがみられるようになる生後9カ月頃からは、固形の調理形態も提供するので、一つの皿に複数の料理が盛り付けてあっても（味が混ざらないので）よいかもしれません。

　手づかみ食べが始まると「手づかみ用小皿」を用意して、手づかみできるものを保育者が取り分けている保育園もあるようです。あらかじめ盛り付けてある皿から、子どもが自分で好きなように手づかみで食べる方法でも、大人が小皿に取り分ける方法でもどちらでもよいと思います。

♥「自分で食べること」の始まり

　いずれにしても手づかみ食べは、「自分で食べること」の第一歩です。「何を手で食べるか」も、子どもが自分で決めたいと意思表示した時には、子どもの意思を尊重するようにしましょう。

　手づかみ食べの時期から次第にスプーンで食べるようになっていきます。右手でスプーンを持ちながら、左手を使って手づかみで食べるということもあるでしょう。スプーンで上手にすくえなくても、大人からの援助を拒み、自分で食べようとする姿も見られる頃です。すべてを援助してしまわずに子どものやり方を見守りながら、少しお手伝いするくらいの気持ちで援助するとよいかもしれません。

♥「スプーン食べ」と食器の形

　スプーンで食べるようになると、食器の形は重要です。スプーンですくいやすい形状のものを選びましょう。皿の縁に立ち上がりのあるものはすくいやすい形状です。手づかみで食べる時は、パン皿のような形状でも食べやすさに変わりはありません。

【参考】

**離乳後期・完了期以降の
スプーンの使用の仕方の順次性**

①**パームグリップ**：手のひら（パーム）全体でスプーン
　の柄の部分を握る。

②**サムグリップ**：パームグリップから親指（サム）が
　分化した状態で親指、人差し指に力が入るよう
　になる。

③**ペングリップ**：それぞれの指に力が入るようになり、
　ペンを持つときのように親指、人差し指、中指で
　スプーンの柄を支える持ち方になる。

＊個人差がありますので、必ずしもこの通りに進める必
　要はありません。あくまでも目安と考えましょう。

立ち上がりのあるお皿

少しだけお手伝い

6. テーブル、椅子

食事をする際の環境として、テーブルや椅子の高さにも配慮が必要です。安定して座位を取ることができない離乳初期では、抱っこで食べさせることで安定した姿勢を保つことができます。ベビーチェアなどを使用する際には身体の角度が横になり過ぎず、背筋が曲がって猫背にならないように姿勢を保つことが大切です。椅子の高さは、座った時に床に足の裏が付くように調整します。テーブルは、着席した時に両腕が自由に動かすことができるような高さにします。

○足底が床につく
○膝が曲がる（90度）
○骨盤が前傾している（90度以内）
　食べものに向かう姿勢はピアノを弾いたり
　書字をしているのと同じで少し前に傾く
○椅子の座面が広すぎず
　子どもの横幅に合っている
○テーブルの上に肘・手がのる

よい椅子とテーブル

×足底が床につかず、
　ぶらぶらしている
×膝が伸びている
×骨盤が後傾している
×椅子の座面が広いと左右に傾く
×テーブルが高いと手がのせられない

よくない椅子とテーブル

山崎祥子 著『じょうずにたべる　たべさせる』(芽ばえ社)より。

第2部 離乳食の実際

長田 和恵

　これまで、赤ちゃんの発達と離乳食の調理形態、食事援助について記してきましたが、第2部では、実際に保育園で提供されている離乳食の献立、調理方法などを、初期食、中期食、後期食、完了期食の順に、それぞれ三つのセットメニューにして、具体的にご紹介します。実際の固さ大きさ、味付けなどは、一人ひとりの子どもの食べ方を見ながら調整してください。

　なお、材料の分量はそれぞれ乳児1人分です。

♥10倍がゆ
♥かれいのペースト
♥さつま芋ペースト
♥野菜スープ

♥かれいのペースト

(材料)

● かれい……10g
● 野菜スープ……10g
● 片栗粉……0.8g

(作り方)

①かれいを茹で、ブレンダー・
　すり鉢などでペースト状にします。
②野菜スープを加え加熱し、
　水溶き片栗粉でとろみをつけます

♥さつま芋ペースト

(材料)

● さつま芋……10g

(作り方)

①茹でたさつま芋を、ブレンダーや
　すり鉢でペースト状にします。
②食べにくそうなら、片栗粉でとろみをつけます。

β

初期食

♡**10倍がゆ**

♥**豆腐野菜煮**

♥**かぼちゃと小松菜のペースト**

♥**野菜スープ**＊初期食Aの野菜スープと同じ。

♥豆腐野菜煮

（材料）
- 絹ごし豆腐……10g
- たまねぎ……5g
- 人参……4g
- キャベツ……5g
- だし汁……30g
- 片栗粉……0.8g

（作り方）
①軟らかく煮たたまねぎ・人参・キャベツをペースト状にします（包丁の背でつぶす、ブレンダーなどを使用する、すり鉢でつぶすなど）。
②豆腐をなめらかにつぶし、❶とあえ合わせだし汁を加え火にかけ、水溶き片栗粉でとろみをつけます。

♥かぼちゃと小松菜のペースト

（材料）
- かぼちゃ……10g
- 小松菜葉先の
  柔らかい部分……4g
- だし汁……10g

（作り方）
①かぼちゃは茹でてなめらかにつぶします。
②茹でた小松菜の葉先を細かく切る、またはすりつぶし、かぼちゃに混ぜます。
③だし汁を加え加熱します。

C 初期食

♥10倍がゆ

♥ささみペースト

♥ほうれん草ペースト

♥野菜スープ *初期食Aの野菜スープに同じ。

♥ささみペースト

（材料）

● 鶏ささみ……10g

● ささみ茹で汁……10g

● 片栗粉……0.8g

（作り方）

①ささみは茹でてみじん切りにしたものを、さらにすりつぶし、茹で汁を加えて火にかけ、水溶き片栗粉でとじます。

♥ほうれん草ペースト

（材料）

- ●ほうれん草……8g
- ●野菜スープ……8g
- ●片栗粉……0.5g

（作り方）

①ほうれん草は葉先のほうを茹で、みじん切りにしたものをペースト状にします。

②野菜スープを加え、水溶き片栗粉でとじます。

D
中期食

♥全がゆ

♥かれいのミルク煮

♥さつま芋ツナ煮

♥野菜スープ

♥かれいのミルク煮

（材料）

- かれい……15g
- 玉ねぎ……10g
- ブロッコリー……10g
- 野菜スープ……20g
- 育児用ミルク……10g
- 片栗粉……0.8g

（作り方）

①玉ねぎとブロッコリーは茹でて
　粗みじんにします。

②かれいは茹でて、軽くほぐします。

③❶と❷を野菜スープで煮て、
　ミルクを加え、水溶き片栗粉で
　とろみをつけます。

♥さつま芋ツナ煮

（材料）

- さつま芋……20g
- 人参……5g
- ブロッコリー……10g
- だし汁……15g
- ツナ缶……5g

（作り方）

①さつま芋は1cm角に切り茹でます。
　人参は1cm角の薄切り、ブロッコリーは
　花の部分を軟らかく茹でます。

②だし汁とツナを入れて煮ます。

③食べにくそうなら、とろみをつけます。

♥野菜スープ

（材料）

- キャベツ……5g
- 大根……5g
- 長ねぎ……3g
- かつお・
　こんぶだし汁……80cc

（作り方）

①キャベツ・大根は1cm角位、ねぎは
　十字に切れ目を入れてから小口に切ります。

②だし汁で野菜が軟らかくなるまで
　火にかけます（離乳食用に煮た
　野菜を使っても）。

E 中期食

♥全がゆ

♥肉団子煮

♥かぼちゃと小松菜の煮物

♥味噌汁

♥肉団子煮

（材料）

●たまねぎ……8g

●人参……4g

●豚ひき肉……15g

●キャベツ……10g

●だし汁……30g

●しょうゆ……0.5g

（作り方）

①たまねぎ、人参をみじん切りにして炒め、冷まします。

②豚ひき肉を加えてよく練ります。

③キャベツを1cm角に切りだし汁で軟らかくなるまで煮て、❷を
　スプーンで鍋に落としていきます。（大きさは手づかみしやすい
　ように大きめに作ったり、スプーンですくいやすい大きさにする
　など、子どもの様子に合わせた大きさにします）。

④しょうゆで味を調えます。

＊ボソボソした食感が苦手な子どもには、とろみをつけます。
　食べにくそうな時はつぶして与えます。

♥かぼちゃと小松菜の煮物

（材料）

● かぼちゃ……20g

● 小松菜……5g

● だし汁……20g

（作り方）

①皮を取ったかぼちゃを一口大に切り、
　だし汁で軟らかく煮ます。

②軟らかめに茹でて細かく刻んだ小松菜を
　入れて、さらに煮ます。

♥味噌汁

（材料）

● たまねぎ……10g

● かぶ……15g

● かぶの葉……3g

● 煮干し・
　こんぶだし汁……100cc

● 味噌……0.8g

（作り方）

①たまねぎは短い千切りにします。
　かぶは皮をむき、1cm位の角切りにします。

②だし汁でたまねぎを煮て、かぶを加えて煮て、
　軟らかくなったら味噌を加えます。

F

中期食

♥煮込みうどん

♥なすのささみ煮

♥ほうれん草しらす煮

♥煮込みうどん

（材料）

- ●ゆでうどん……50g
- ●人参……5g
- ●キャベツ……8g
- ●長ねぎ……3g
- ●だし汁……80g
- ●しょうゆ……0.8g

（作り方）

①人参は1cm角の薄切り、キャベツは1cm位、
　ねぎは十字に切り込みを入れ小口に切ります。

②❶の野菜をだし汁で軟らかくなるまで煮て、
　しょうゆで味を調えます。

③うどんを1cm位に切り、❷に入れ、
　軟らかくなるまで煮込みます。

♥なすのささみ煮

（材料）

- なす……15g
- 鶏ささみ……10g
- だし汁……10g
- 片栗粉……0.8g

（作り方）

①なすは皮をむいて1cm角に切り、
　水につけてあくぬきします。

②ささみを茹でて、みじん切りにします。

③だし汁でなすを煮て、❷のささみと
　あわせ、水溶き片栗粉でとじます。

♥ほうれん草しらす煮

（材料）

- ほうれん草……10g
- しらす……2g
- だし汁……10g
- 片栗粉……0.5g

（作り方）

①ほうれん草は葉先のほうを茹で、
　みじん切りにします。

②ゆでこぼしたしらすを、細かく刻みます。

③ほうれん草としらすをだし汁で煮て、
　水溶き片栗粉でとじます。

G
後期食

♥全がゆ

♥さわらのミルク煮

♥さつま芋ツナ煮＊中期食の76ページと同じです。

♥野菜スープ

♥さわらのミルク煮

（ 材料 ）
- さわら……30g
- たまねぎ……10g
- ピーマン……3g
- だし汁……30g
- 育児用ミルク……15g
- 片栗粉……0.2g

（ 作り方 ）
① たまねぎ、ピーマンはみじん切りにし、たまねぎをよく炒め、ピーマンも入れて炒めだし汁を加え煮ます。
② さわらを蒸し焼きにしてほぐし、鍋に加えます。
③ ミルクを加え、水溶き片栗粉でとろみをつけます。

♥野菜スープ

（ 材料 ）

● キャベツ……8g
● 大根……8g
● 長ねぎ……4g
● かつお・こんぶだし汁……80cc

（ 作り方 ）

① キャベツ・大根は1cm角位、ねぎは十字に切れ目を入れてから小口に切ります。

② だし汁で野菜が軟らかくなるまで火にかけます（離乳食用に煮た野菜を使っても）。

H

後期食

♥全がゆ

♥コーン入りハンバーグ

♥かぼちゃと小松菜の煮物

♥味噌汁（かぶ）

♥コーン入りハンバーグ

● 89ページの完了期の「コーン入りハンバーグ」にあんかけします。
  スプーンですくいやすいように、一口サイズに切って出します。
  （手づかみの場合は、切らずに出します）。

♥かぼちゃと小松菜の煮物

（材料）

● かぼちゃ……20g
● 小松菜……8g
● だし汁……30g
● 三温糖……0.5g
● しょうゆ……0.5g

（作り方）

①皮を取ったかぼちゃを一口大に切り、
  だし汁で軟らかく煮ます。
②軟らかめに茹でて細かく刻んだ
  小松菜を入れて、三温糖、しょうゆを
  入れなじませます。

♥味噌汁（かぶ）

（材料）

● たまねぎ……10g
● かぶ……15g
● かぶの葉……3g
● 煮干し・こんぶ
  だし汁……100cc
● 味噌……1g

（作り方）

①たまねぎは短いせん切りにします。
  かぶは皮をむき、1.5cm位の厚めの
  いちょう切りにします。
②かぶの葉は細かく刻み、さっと茹でます。
③だし汁でたまねぎを煮て、かぶを加え、
  軟らかくなったら味噌を入れ、
  かぶの葉を加えます。

1

後期食

♥ちゃんぽん風うどん
♥なす肉味噌和え
♥わかめのしらす煮

♥ちゃんぽん風うどん

（材料）

- 茹でうどん……60ｇ
- 豚ひき肉……10ｇ
- 人参……5ｇ
- キャベツ……8ｇ
- ニラ……3ｇ
- 長ねぎ……3ｇ
- だし汁……100ｇ
- しょうゆ……1ｇ
- ごま油……0.5ｇ

（作り方）

①にんじんは小さめの拍子木切り、キャベツは1cm位、ニラは1cm、ねぎは縦半分の小口切りにします。

②❶の野菜と豚ひき肉をごま油で炒め、だし汁で野菜が軟らかくなるまで煮て、しょうゆで味を調えます。

③うどんを1cm位に切り、❷に入れて煮込みます。

♥なすの肉味噌和え

（材料）

- なす……20g
- 油……1g
- 鶏ひき肉……10g
- 長ねぎ……3g
- 人参……5g
- ごま油……0.5g
- だし汁……10g
- 味噌……1g
- 三温糖……0.5g
- 片栗粉……0.5g

（作り方）

①なすは皮をむいて1cm角に切り、
　水につけあく抜きをし、よく水気を切って
　油で炒め、少量の水またはだし汁等を入れ、
　軟らかくなるまで火にかけます。

②長ねぎ、人参はみじん切りにして
　ごま油で炒め、鶏ひき肉も加えて炒めます。

③だし汁を加え、三温糖、味噌で味付けし、
　片栗粉でとじて肉味噌にします。

④❶のなすに、❸の肉味噌を和えます。

♥わかめのしらす煮

（材料）

- わかめ……6g
- もやし……6g
- しらす……3g
- だし汁……20g
- しょうゆ……0.3g

（作り方）

①わかめは細かく切り、ゆでたもやしは
　短く切り、だし汁で煮ます。

②ゆでこぼしたしらすを加え、
　わかめがクタクタになるまで煮て、
　しょうゆを加えます。

J 完了期食

- ♥軟飯
- ♥さわらのホワイトソースかけ
- ♥スイートポテトサラダ
- ♥カレー風味スープ

♥さわらのホワイトソースかけ

（材料）

- ●さわら……30ｇ
- ●玉ねぎ……10ｇ
- ●ピーマン……3ｇ
- ●なたね油……0.2ｇ
- ●小麦粉……2ｇ
- ●無塩バター……2ｇ
- ●牛乳……20ｇ

（作り方）

①さわらは蒸し焼きにして軽くほぐします。

②玉ねぎ、ピーマンはみじん切にし、
　玉ねぎをよく炒め、ピーマンも入れて
　炒め煮にします。

③小麦粉、バター、牛乳でホワイトソースを作り、
❷と合わせ、さわらにかけます。

♥スイートポテトサラダ

（材料）

● さつまいも……25g
● 人参……6g
● ブロッコリー……10g
● ツナ水煮缶……5g
● 調味料
・ 酢……2g
・ なたね油……2g
・ 三温糖……0.2g

（作り方）

① さつま芋は1cm角に切り茹でます。
② 人参は1cm角の薄切り、ブロッコリーは花の部分を軟らかく茹でます。
③ 調味料でドレッシングを作り、茹でたさつま芋、人参、ブロッコリーを和えます。

♥カレー風味スープ

（材料）

● キャベツ……8g
● 人参……8g
● 大根……8g
● 長ねぎ……4g
● かつお・こんぶだし汁……100cc
● 塩……0.2g
● カレー粉……0.1g
　（風味程度）

（作り方）

① キャベツ・人参・大根は1cm角位、ねぎは十字に切れ目を入れてから小口に切ります。
② だし汁で野菜が軟らかくなるまで火にかけます（離乳食用に煮た野菜を使っても）。
③ 塩とカレー粉を風味程度加えます。

K

完了期食

♥軟飯

♥コーン入りハンバーグ

♥かぼちゃと小松菜の煮物

♥味噌汁（かぶ）＊後期食の83ページと同じです。

♥コーン入りハンバーグ

（材料）
- たまねぎ……10g
- 人参……5g
- 豚ひき肉……20g
- コーン缶……4g
- なたね油……1g
- パン粉……3g
- 牛乳……2g
- 調味料
  ・しょうゆ……0.5g
  ・みりん……0.2g
  ・三温糖……0.3g
  ・だし汁……10g

（作り方）
①たまねぎ、人参をみじん切にして炒め、冷まします。
②豚ひき肉をよく練り、牛乳、パン粉を加えて再度練ります。
③❶とコーンを、練った豚ひき肉に入れ合わせます。
④オーブンやフライパンで焼きます。
⑤調味料を合わせ、軽く火にかけ、焼けたハンバーグに塗ります。
⑥スプーンですくいやすいように、一口サイズに切って出します。
　手づかみの場合は、切らずに出します）。

♥かぼちゃと小松菜の煮物

（材料）
- かぼちゃ……20g
- 小松菜……8g
- だし汁……30g
- 三温糖……0.5g
- しょうゆ……0.5g

（作り方）
①かぼちゃは皮を取り、一口大に切ります。
　小松菜は軟らかめに茹でて、細かく刻みます。
②だし汁でかぼちゃを煮て、軟らかくなったら
　小松菜を入れ、三温糖、しょうゆを
　入れてなじませます。

完了期食

♥ちゃんぽん風麺
♥なすの肉味噌和え
♥わかめとしらすの酢の物

♥ちゃんぽん風麺

（材料）

- 茹で中華麺……60g
- キャベツ……8g
- だし汁……100g
- 豚ひき肉……10g
- ニラ……3g
- しょうゆ……1g
- 人参……5g
- 長ねぎ……3g
- ごま油……0.5g

（作り方）

①にんじんは小さめの拍子木切り、キャベツは1cm位、ニラは1cm、
　ねぎは縦半分の小口切りにします。

②❶の野菜と豚ひき肉をごま油で炒め、だし汁で野菜が
　軟らかくなるまで煮て、しょうゆで味を調えます。

③麺を1cm位に切り、❷に入れて煮込みます。

♥なすの肉味噌和え

（材料）

● なす……20g

● 油……1g

● 鶏ひき肉……10g

● 長ねぎ……3g

● 人参……5g

● ごま油……0.5g

● だし汁……10g

● 味噌……1g

● 三温糖……0.5g

● 片栗粉……0.5g

（作り方）

①なすは皮をむいて1cm角に切り、水につけ
　あく抜きをし、よく水気を切って油で炒め、
　少量の水または出汁等を入れ、
　軟らかくなるまで火にかけます。

②長ねぎ、人参はみじん切りにして
　ごま油で炒め、鶏ひき肉も加えて炒めます。

③だし汁を加え、三温糖、味噌で味付けし、
　片栗粉でとじて肉味噌にします。

④❶のなすに、❸の肉味噌を和えます。

♥わかめとしらすの酢の物

（材料）

● わかめ……6g

● もやし……6g

● しらす……3g

● だし汁……10g

● 調味料

・酢……0.5g

・三温糖……0.3g

・しょうゆ……0.4g

（作り方）

①わかめは細かく切り、茹でたもやしは
　短く切り、だし汁で煮ます。

②しらすはゆでこぼします。

③しらすを❶と和え、調味料を加えて煮ます。

♥写真で見る
同じ材料で作れる中期食・後期食・完了期食の例

ちゃんぽん風うどんと麺

【ちゃんぽん風うどん】
完了期食と同じ汁を使います。
後期では、ニラも使えます。うど
んは1cmくらいの長さで、歯茎
でつぶせる固さににこみます。

【ちゃんぽん風麺】
麺は中華麺を使います。
見た目は幼児食と同じですが、
スプーンで食べるので麺の長さ
は1cmくらいで。

後期

完了期

うどん
中期食→後期食

【煮込みうどん】
汁は完了・後期食の汁をニラを
入れる前に取り分けます。中期
では、うどんを細かく切ってよく
煮込み、舌でつぶせるくらいの
固さで。

92

♥写真で見る

同じ材料で作れる中期食・後期食・完了期食の例

【なすのささみ煮】
中期では、なすを軟らかく煮てとろみをつけて食べやすくします。初期と一緒にささみを使用します。

【ほうれん草しらす煮】
ほうれん草は葉先を軟らかく茹で、しらすはゆでこぼして塩分を落としてから細かく切って使います。

【わかめのしらす和え】
わかめを軟らかくなるまで煮てゆでこぼしたしらすと和えます。しらすの大きさはそのままで。

後期食

完了期

中期食

【なすの肉味噌和え】
なすの肉味噌和えは、
後期・完了期は同じものです。

【わかめとしらすの酢の物】
後期と同じように見えますが味付けは酢の物です。酢は加えてから煮て、酸味を飛ばします。

♥写真で見る
同じ材料で作れる中期食・後期食・完了期食の例

【かぼちゃと小松菜の煮物】
かぼちゃは完了・後期食から
味付け前に取り分けます。
小松菜は細かく刻みます。

【ほうれん草しらす煮】
ほうれん草は軟らかく煮て、
しらすはゆでこぼして塩分を
落としてから細かく切って使
います。

中期食

後期食

【肉団子煮】
肉団子の大きさは、子どもの
食べ方に合わせます。手づ
かみで食べる場合は大き目
にします。

【コーン入りハンバーグ】
完了食のハンバーグにあん
がかかっています。口の中で
まとまりやすく食べやすくなり
ます。

手づかみ食べ用
スティック野菜とかみとり用野菜（人参と大根）

【人参スティック】
指でつぶせるくらいの軟らかさ
です。子どもがグーで握ったと
きに、先が出る長さにします。

【かみとり大根】
大根は半月や丸で、一口を
かじり取ります。じゃが芋やさ
つま芋などでも。

野菜の軟らかさは、

簡単に指でつぶれるくらいが目安です。

大き目に切って煮るほうが軟らかく煮えます。

圧力鍋だと短時間で軟らかくなります。

鍋でも40分以上煮ると軟らかくなります。

同じ野菜でも、季節などで軟らかさが違います。

煮ても堅そうな時は、つぶしてあげます。

著者略歴　小野　友紀

●大妻女子大学短期大学部家政科　准教授、博士（生活科学）
1981年　一般財団法人慈愛会　慈愛会保育園に栄養士として就職する。
1989年　同園を退職し、渡米。カリフォルニア州にて幼児教育を学んだ後、
　　　　ハワイ州で現地法人保育関連業に約5年間従事し帰国。
1997年　慈愛会保育園に管理栄養士として再就職する。
2008年　慈愛会保育園を退職し、保育者養成校で保育者養成に携わる。
2020年より大妻女子大学短期大学部家政科食物栄養専攻で栄養士養成課程に携わる。
●資格：管理栄養士、保育士
●主要著書
『授乳・離乳の支援ガイドにそった　離乳食』芽ばえ社
『保育園の食事　離乳食から幼児食まで』芽ばえ社
『保育わかばBOOKS　自信が持てる！育ちを支える食事の基本』中央法規

長田　和恵

●すずのき台保育園　栄養士（管理栄養士）
大妻女子大学短期大学部家政科食物栄養専攻卒業。
保育園の栄養士として勤務。管理栄養士・保育士の資格取得。
武蔵野大学人間科学部人間科学科心理学専攻卒業。認定心理士取得。
東京都社会福祉協議会保育部会給食研究会運営委員、保育所食育サポートネット等で保育所、
家庭、地域の食の向上と支援、食育の推進を目指し活動。

離乳食　赤ちゃんの発達に寄り添って
「授乳・離乳の支援ガイド」をもとに

2023年9月12日　　第1刷発行

本書は「食べもの文化」2023年5月増刊号を書籍化したものです。

著　　者　　小野　友紀　　長田　和恵
発行者　　安藤健康
発行所　　株式会社 芽ばえ社
　　　　　〒112-0002 東京都文京区小石川5丁目3-7 西岡ビル2階
　　　　　Tel 03-3830-0083　Fax 03-3830-0084
　　　　　E-mail：info@tabc.jp
　　　　　www.tabc.jp

表紙・本文デザイン／わゆう株式会社 登内裕子
編集／圓乗義一
印刷・製本／株式会社光陽メディア